WAKU♡WAKU UP STYLE BASIC SERIES 2

夜会巻き
夜会風重ね上げ

技術指導：登石　記代

■はじめに■

「作品を作らないアップスタイルの本を作りたいのですが、御協力頂けますか？」、弊社のこの唐突な企画依頼から、WAKU♥WAKU UP STYLE BASIC SERIES 1『Straight Up　Twist Up　Double Twist Up』が誕生しました。

「この本は、先生の作品とその技術の解説本ではありません。作品を作る方は、この本を手に取って下さった読者の皆様お一人お一人なのです。」「この本は、キチンとしたアップスタイルを作る時に欠かすことのできない『骨格』の部分を伝える本なのです。」ともお伝えしました。その企画の主旨は、今も変わりません。

今回、第2弾 WAKU♥WAKU UP STYLE BASIC SERIES 2『夜会巻き　夜会風重ね上げ』を、皆様にお届け出来ることになりました。

ともすると、箸や棒で、クルクルと髪を巻きあげれば、「夜会巻き」と思いこんでいる美容師の皆様も多い昨今、シリーズ1と同様に、登石記代先生にお願いし、テクニックを大きな写真とDVDで、分かり易く、見えやすくまとめることができました。

先回同様、フローチャートをご活用頂きながら、くり返し練習して頂ければ、どなたにでも美しいアップスタイルが、自然に作れるようになります。

既に熟練した技術を身につけられている諸先生方も「ダッカールをこうやって使えば、こんなに無理なくアップタイルスタイルを作ることができるなんて！」と、改めて驚いて頂けるのではないでしょうか。

ブラシをかける時、髪をまとめてゴムを結ぶ時、登石先生は、体全身を使ってその所作をなさいます。パネルを持ち上げる時も、髪が自然に流れていくように先生の手に髪が付いて行くのです。DVDの「夜会風重ね上げ」で、左右のパネルを重ねて行く時の、流れるような無理のない所作を、ぜひ、ご覧頂きたいと思います。

WAKU♥WAKU UP STYLE BASIC SERIES 3『シニヨン』も企画しておりますので、ご期待下さい。

新美容出版株式会社

■ この本の使い方 ■

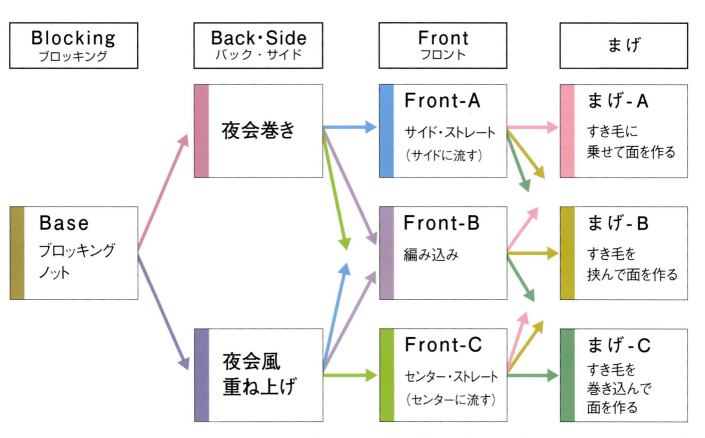

（フロント、まげはご自分でデザインを増やしていくことが出来ます）

■ 目 次

■Blocking （ゴールデンポイントの取り方・ノットベースの取り方） ……………………… 06

■夜会巻き （左バック） ……………………………………………………………………… 10

　　　　　（左サイド） …………………………………………………………………… 26

　　　　　（右バック） …………………………………………………………………… 36

　　　　　（右サイド） …………………………………………………………………… 46

■夜会風重ね上げ （バック） ……………………………………………………………… 54

　　　　　　　　 （サイド） ……………………………………………………………… 66

- ■ Front-A （サイド・ストレート）……………………………… 74
- ■ Front-B （編み込み）……………………………………………… 84
- ■ Front-C （センター・ストレート）……………………………… 92
- ■ まげ-A （すき毛に乗せて面を作る）…………………………… 98
- ■ まげ-B （すき毛を挟んで面を作る）…………………………… 104
- ■ まげ-C （すき毛を巻き込んで面を作る）……………………… 114
- ■ 道具・ピンの止め方 ……………………………………………… 122

Blocking ブロッキング

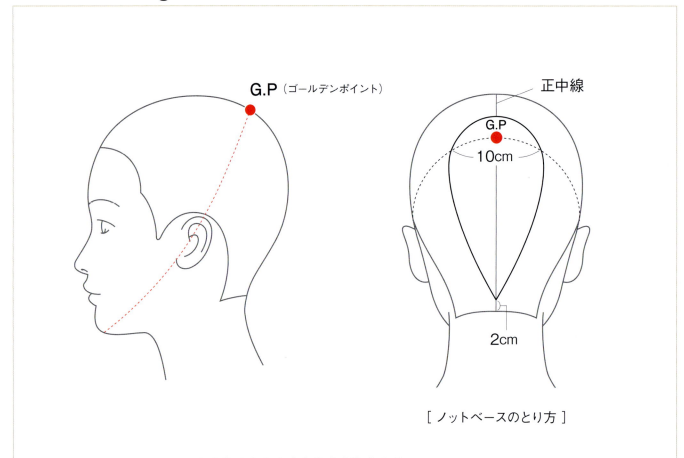

[ノットベースのとり方]

■夜会巻きのブロッキング

01

P6のように三角に分け（▽の位置はネープから約2cm）、中央に夜会巻きのノットベースをとります。ダッカールで軽く止めておきます。

■夜会風重ね上げのブロッキング

02

夜会風重ね上げの場合は、写真のように、センター部分（★）を少し残し、左右のバックの部分を4等分します。

03
左サイドのブロッキングをします。

04
右サイドのブロッキングをします。

05

フロントのブロッキングをします。

■ 夜会巻き（左バック）

01 P07−01から始めます。指が差しているところがサイドのブロッキングポイントです。（延長線上にゴールデンポイントがあります）

02 ゴールデンポイントより少し前のところで、根元をしっかり持ち、位置を決め

03 ゴムで縛ります。

04 縛ったところです。

05 写真のようなすき毛を

06 ノットベースに沿って置き

07 すき毛をピンで止めます。

08 すき毛全体を、頭に沿わせ

13

09 すき毛をP07-01のVに合わせて裏側に折り込みます（ネープから約2cmのところ）。

10 裏側に折り込んで、1cm下に引き、

ピンで止めます。

すき毛が止め終わりました。折り込んで、下に引いたことで、すき毛の最後が平らになり、テンションがききます。

13

左サイドをスライスしてパネルをとり、
(バックの上げ方はDVD参照)

14

逆毛を裏側、表側の両面に立てます。
(逆毛の立て方はDVD参照)

15 次の逆毛が立て易いように1枚目のパネルを上に上げて、ダッカールで軽く止めておきます。

16 次のパネルは、表側に逆毛が出ないように裏側だけに逆毛を立てます。

17 ダッカールを外し、逆毛を立てたパネルを合わせ、サイドに引いて、表側をブラッシングします。

18 裏側をブラッシングします。

19 再度表側をブラシで梳かしながら、すき毛を越えたところで

20 ブラシを一旦休ませ、

ブラシと共に角度を変え、毛を一緒に上に上げます。

ブラシを抜き、毛先を一度、置きます。

23 ダッカールで止めます。

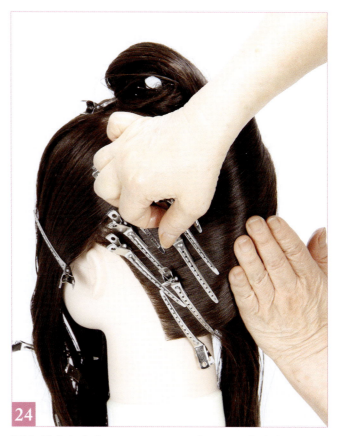

24 面を整えながら、ダッカールで止めていきます。

25 バックの衿足のところにピンを1本止めます。

26 衿足にピンを止めました。

27 毛先を整え、三角ベースを作り、毛先を指で挟みます。

28 挟んだ毛先を折り込みます。

29 親指のところで

30 ピンを

31
止めます。

32
ピンを止め、夜会巻きの左バックが出来上がりました。

■ 夜会巻き（左サイド）

01 左サイドを梳かし、

02 約2cm幅にスライスし、

03 裏側に逆毛を立てます。

04 表側にも逆毛を立てます。

05 2枚目のパネルの裏側に逆毛を立てます。

06 2枚目の表側にも逆毛を立てます。

07 最後のパネルは、逆毛が表側に出ないように、裏側だけに逆毛を立てます。

08 パネルを一緒に持ち、左サイドの裏側にブラシを入れて梳かし、

09 左サイドの表側もブラシで梳かし、整えながら、

10 左バックの上に持っていき

11

左バックと繋げます。

12

面を整えながら、ダッカールを止めていきます。

13
ダッカールを止め終わりました。

14
左サイドの毛先を梳かし

15 指で挟んで

16 裏側に折り込みます。

17 折り込んだところです。

18 ピンで止めます。

19 夜会巻きの左バックと左サイドの出来上がりです。

■ 夜会巻き（右バック）

01 パネルをとり、裏側に逆毛を立てます。
（バックの上げ方はDVD参照）

02 表側にも逆毛を立てます。

03
1枚目のパネルを左バックと左サイドに軽く重ねて、ダッカールで止めておきます。2枚目は、表側に逆毛が出ないように、裏側だけに逆毛を立てます。

04
1枚目のパネルと合わせて持ち、表側をブラシで梳かし、

05 裏側もブラシで梳かし

06 ブラシで面を整えながら

07 ブラシと共に上に持っていき、左バックと左サイドに重ね、毛先をダッカールで止めます。

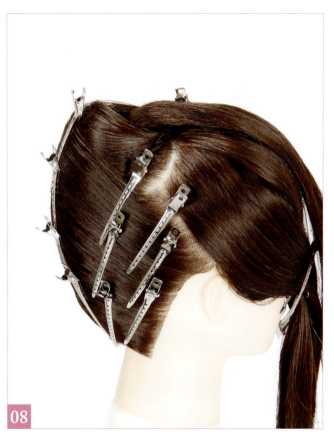

08 コームで面を整えながら、ダッカールで止めます。

09 ダッカールで止めたところです。

10 全部一緒に束ねて、コームで表面を整え、

11 手を添えて、上げ

12 三角を作ります。

13 手を持ちかえて

14 指を入れて

15 その指を支点にして裏側に折り込み、

16 折り込んだ毛を少し戻し、

17 位置を決めます。

18 決めた位置のところにピンを止めます。

19 左サイドから見たところです。

20 夜会巻きの右バックが出来上がりました。

■夜会巻き（右サイド）

01
右サイドを梳かし、

02
約2cm幅にスライスして、パネルをとり、

03 裏側に逆毛を立てます。

04 表側にも逆毛を立てます。

05

2枚目のパネルにも同様に裏側に逆毛を立てます。

06

表側にも逆毛を立てます。

07 一番表側のパネルは、逆毛が表に出ないように、裏側だけに逆毛を立てます。

08 全部一緒に持ち、裏側をブラシで梳かし、

09 表側もブラシで梳かしながら

10 右バックの上に持っていきます。

11 面を整えながら、ダッカールで止めます。

12 左サイドから見たところです。右サイドが右バックに綺麗になじんで重なっています。

13 毛先を折り込み

14 ピンで止めます。

15 ピンで止めたところです。

16 右バックに右サイドが美しくなじみ、夜会巻きが出来上がりました。

■ 夜会風重ね上げ（バック）

01
スタートはブロッキングのP07－02から始めます。

02
梳かしてまとめあげ、ゴールデンポイントより少し前のところで、根元をしっかり持ち、位置を決め、

ゴムで縛ります。

すき毛をノットベースに沿って置き、ピンで止めます。
(すき毛の止め方は夜会巻きのP12〜P15を参照)

05 センターの少しとっておいた髪(★)を上に上げます。
（バックの上げ方はDVD参照）

■左下1枚目のパネルの上げ方

06 左下1枚目のパネルの表側をブラシで梳かし、

07 裏側もブラシで梳かします。

08 更に表側を梳かしながら、ブラシと共に上げていき、毛の流れに沿って、すき毛の上に自然に上げ、

夜会風重ね上げ（バック）

09 ダッカールで止めます。

10 面を整えながら、ダッカールで止めます。

■右下1枚目のパネルの上げ方

11 ピンで止めます。このように左右交互に、1枚ずつピンで止めていきます。

12 右側の下1枚目をとり、表側をブラシで梳かします。

13

裏側もブラシで梳かします。

14

再度、表側を梳かして

15 ブラシと共に上に持っていきます。

16 ブラシを抜いて、ダッカールで止めます。

17 面を整えながら、ダッカールで止めます。

18 ピンを止め、ダッカールを外します。1段目の重ねが出来上がりました。

■ 2枚目左右パネルの上げ方

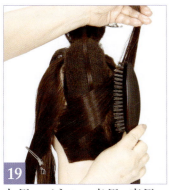
19
左側のパネルの表側、裏側、表側とブラシでよく梳かし、ブラシと共に上に持っていき

20
毛先をダッカールで止めます。

21
面を整えながら、ダッカールで止めていきます。

22
ピンで止めて、ダッカールを外したところです。

23
右側のパネルも表側、裏側、表側とブラシでよく梳かし、

24
ブラシと共に上に持っていき、毛先をダッカールで止めます。

25
面を整えながら、ダッカールで止めていき、

26
指先のところをピンで止めて、ダッカールを外し、2段目の重ねが出来上がりました。

■ 3枚目左右パネルの上げ方

27
左側のパネルの表側、裏側、表側とブラシでよく梳かし、ブラシと共に上に持っていき

28
毛先をダッカールで止めておきます。

29
面を整えながら、ダッカールで止めていきます。

30
指のところで3枚目の左のパネルをピンで止め、ダッカールを外したところです。

31
右側のパネルも表側、裏側、表側とブラシでよく梳かし、ブラシと共に上に上げ

32
毛先をダッカールで止めておきます。

33
面を整えながら、ダッカールで止めていきます。

34
右の3枚目のパネルの指のところをピンで止め、ダッカールを外し、3段目の重ねが出来上がりました。

■ 4枚目左右パネルの上げ方

35
左の4枚目のパネルも同様にブラッシングして、ブラシと共に上に上げます。

36
毛先をダッカールで止めておきます。

37
面を整えながら、ダッカールで止めていきます。

38
指のところでピンを止め、ダッカールを外し、左側のパネルの出来上がりです。

39
重ね最後の右側の4枚目のパネルも同様に、表側、裏側、再度表側とブラッシングし、ブラシと共に上に上げ

40
毛先をダッカールで止め、さらに面を整え、ダッカールで止めます。

41
指のところでピンを止め、ダッカールを外します。

42
夜会風重ね上げのバックの出来上がりです。
(サイドを重ねた夜会風重ね上げの完成形はP73を参照)

■夜会風重ね上げ（左サイド）

01 左サイドの裏側にブラシを入れて梳かします。

02 左サイドの表側もブラシで梳かします。

さらに裏側を梳かしながら、ブラシと共に上に持っていき

重ねているバックのラインに合せて、自然な流れを作り、毛先をダッカールで反対側に止めます。

05 面を整えながら、ダッカールを止めていきます。

06 反対側の指のところをピンで止めて、

（右サイド）

07
ダッカールを外します。外したところです。
夜会風重ね上げの左サイドの出来上がりです。

08
前髪を軽く止めておきます。右サイドの裏側にブラシを入れ、よく梳かします。

09 表側もブラシで梳かし、

10 再度裏側をブラシで梳かし、上に持っていき

11 重ねているバックのラインに合わせて、自然な流れを作り、毛先をダッカールで反対側に止めます。

12 面を整えながら、ダッカールで止めていきます。

13 ピンで毛先をねじるように止めます。

14 夜会風重ね上げ右サイドの出来上がりです。

15 夜会風重ね上げの出来上がりです。

16 夜会風重ね上げにフロントAとまげAを合わせました。

夜会巻風重ね上げ ＋ フロントA ＋ まげA

■ Front-A（サイド・ストレート）

01
前に梳かし横に流します。

02
写真のようなすき毛を用意します。

03 すき毛を止めます。

04 前髪を前に倒し、ダッカールで止めておきます。

05 すき毛を止めます。

06 前髪を後ろからスライスして、裏側に逆毛を立てます。

07 表側にも逆毛を立てます。後ろに流しておきます。

08 パネル2枚目をスライスして、裏側に逆毛を立てます。

09 表側にも逆毛を立てます。後ろに流しておきます。

10 一番前の髪は、表に逆毛が出ないように、裏側だけに逆毛を立てます。

11 全てをまとめて持ち、裏側からブラシを入れて梳かします。

12 表側も梳かします。

13 一つに束ね、

14 少しゆるめて、

15

ラインを決めます。

16

少しトップを高くし、

17 面を整え、ダッカールで止めます。

18 毛先を折り込みます。

19 折り込んだところをピンで止めます。

20 フロントA（サイド・ストレート）の出来上がりです。

夜会巻き ＋ フロントA

■ Front-B（編み込み）

01 前に下ろす部分を残して全部横に流します。

02 1cmスライスして、

03 毛束を4つに分け、

04 一番右の毛束をすぐ左の毛束の上に乗せ、拾った毛束もその上に乗せます。そこから片四つ編みを編み進めます。(DVD参照)

05 拾いながら編み進めます。

06 編み終わりました。

07 横から見たところです。

08 編んだ毛束をデザインし、ピンで止めます。

09 ピンで止めたところです。

10 残りの部分を二つに分けて、

11 逆毛を立てます。

12 ダッカールで押さえ、

13 クロスして、

14 四つ編みのところに沿わせます。

15 ピンで止めます。

16 フロントB（編み込み）の出来上がりです。

夜会巻き ＋ フロントB

■ Front-C（センター・ストレート）

01

前髪を前に流し、

02

後ろからパネルをスライスして、裏側に逆毛を立てます。

ボリュームを出すために、さらに逆毛を多めに立てます。

表側の両端に逆毛を立てます。

05 スライスした2枚目のパネルも同様に裏側に逆毛を立て

06 表側の両端にも逆毛を立てます。

07 最後のパネルは、表側に逆毛が出ないように、裏側だけに逆毛を立てます。

08 全部まとめて手に取り、裏側にブラシを入れて梳かします。

09 表側もブラシで梳かし、後ろに流し

10 面を整えながら、ダッカールで写真のように止めます。

11 毛先をノットベースで縛った毛束と合わせて、ゴムで縛ります。

12 ダッカールを外します。
フロントC（センター・ストレート）の出来上がりです。

夜会巻き ＋ フロントC

■ まげ-A （すき毛に乗せて面を作る）

01 ノットベースで縛った毛束を持ち

02 表側を綺麗に梳かします。

03 裏側に逆毛を立てます。

04 写真のようなすき毛を用意します。

05 まげになる部分にすき毛を置き、上に毛束を乗せます。

06 ダッカールで毛束とすき毛を止めます。毛先を整え、

07 すき毛は左右に出したまま、毛束を沿わせて、まげの大きさを決め、

08 ピンで止めます。

09 すき毛を指で中に押しながら、毛束を扇を開くようにし、形を整え、

10 すき毛をピンで止めて、まげAの出来上がりです。

夜会巻き ＋ フロントA ＋ まげA

11 正面から見たところです。

12 右サイドから見たところです。まげの角度を変えることも出来ます。残る毛先の長さに合わせて色々なアレンジが可能です。今回は毛先を自然に流してみました。

■ まげ-B（すき毛を挟んで面を作る）

01
ノットベースで縛った毛束で、まげを作ります。

02
髪を綺麗に梳かし、裏側に逆毛を立てます。

03
写真のようなすき毛を用意します。

04
すき毛の位置を決め、すき毛の上に毛束を乗せます。

05 ダッカールで止めます。

06 毛先を梳かします。

07 毛先をゴムで縛ります。

08 毛先を縛ったところとノットベースを縛ったところを合わせて、すき毛を挟むようにし

09 ゴムのところにピンで止めます。

10 ピンで止めたところです。

11 すき毛を指で中に押しながら、毛束を扇を開くようにし、形を整え、

12 すき毛にピンを止めます。

13

まげBの右の部分を横から見たところです。

14

反対側も同様に裏側に逆毛を立てます。

15 写真のようなすき毛を用意して

16 すき毛に毛束を乗せ、毛先をゴムで縛り、まげの大きさに合わせてゴムをピンで止めます。

まげB

17

すき毛を指で中に押しながら、毛束を扇を開くようにし、形を整え、まげBの出来上がりです。

夜会巻き ＋ フロントB ＋ まげB

18

斜め右から見たところです。

19
右サイドから見たところです。

20
左後ろから見たところです。
骨格本のため、飾りを付けていません。
飾りにより、色々な表情が楽しめます。

■ まげ-C （すき毛を巻き込んで面を作る）

01 フロントの毛束とノットベースで縛った毛束を合わせて、一緒にゴムで縛ります。

02 横スライスで毛束をとり、1枚目の表側と裏側に逆毛を立て、前に流しておきます。

03 2枚目も同様に、表側に逆毛を立てます。

04 裏側にも逆毛を立てて、前に流します。

まげC

05
3枚目は、表になる面に逆毛が出ないように、裏側だけに逆毛を立てます。

06
全部をまとめて梳かし、前に流します。

07 面を整えて、ダッカールで止め、毛先をゴムで縛ります。

08 写真のような少し大きめのすき毛を用意し、ゴムの部分をくるみます。

09 すき毛を巻きながら、

10 毛束の根元まで巻き進めます。

11 毛先を縛ったゴムにピンを止めます。

12 左右に出しておいたすき毛を指で中に押しながら、毛束を扇を開くようにし、形を整えます。

まげC

13 左右に綺麗に開いて、まげCの出来上がりです。

夜会巻き ＋ フロントC ＋ まげC

14 右サイドから見たところです。

左サイドから見たところです。

後ろから見たところです。
イメージに合わせて、まげの角度を変えることも可能です。

■道具

・この他にヘアクリーム、セット剤などを使います。

■ 主な道具の名称
（写真P122）
1. フランス型ダッカール
2. ネジピン
3. オニピン
4. アメリカピン（玉なし）
5. S字ブラシ
6. 仕上げブラシ
7. アップコーム
6. すき毛
7. 黒ゴム

■ 使用したウィッグ

ロングウィッグ

ミディアムウィッグ

■ ピンの止め方

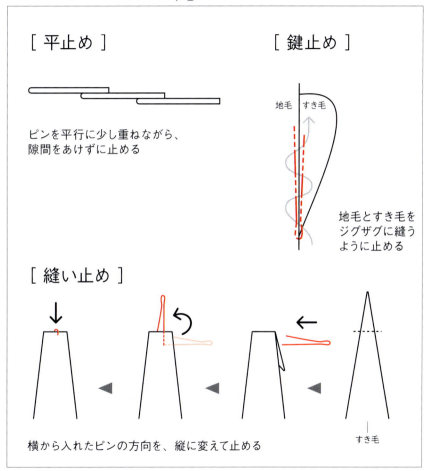

WAKU♥WAKU UP STYLE BASIC SERIES 2

夜会巻き
夜会風重ね上げ

2016年7月27日発行
定価（本体 1,800円＋税）

編集／発行人　長尾明美
発行　新美容出版株式会社
　　　〒106-0031 東京都港区西麻布 1-11-12
　　　代　表　TEL 03-5770-1230（代表）
　　　販売部　TEL 03-5770-1201　FAX 03-5770-1228
　　　http://www.shinbiyo.com

印刷・製本　凸版印刷株式会社

印刷には十分注意しておりますが、万一落丁・乱丁がありましたら、
本社にてお取り替えいたします。

＊記事・写真・イラストなどの無断転載を禁じます。
＊DVDを著作権者に無断で複製、放送、上映、公開、レンタル
　することは法律で禁止されています。
© SHINBIYO SHUPPAN Co., Ltd.
Printing in Japan 2016

技術指導
登石　記代（といし　きよ）

・アップスタイルの第一人者である 故 信竜淳二氏に師事
・元、信竜会幹部講師
・現在、各地にて講習活動を展開中
・『ZANG TOI』ニューヨークコレクションに
　ヘアースタッフとして参加
・『登石記代アップスタイル研究会』主宰

〒173-0037 東京都板橋区小茂根 1-26-10
Tel. 03-3955-7772

アシスタント
渡邊　朋子